Oranienburg in alten Ansichten Band 2

von
Hans Biereigel

Europäische Bibliothek – Zaltbommel/Niederlande

D ISBN 90 288 5316 2 / CIP

EINLEITUNG

Ermutigt durch die Resonanz und das Interesse der Leser über 'Oranienburg in alten Ansichten' Teil 1, habe ich mich verpflichtet gefühlt, einen Teil 2 über Oranienburg zwischen 1880 und 1930 zusammenzustellen.
Im Jahre 1991 feierten die Einwohner und Gäste der Stadt Oranienburg das 775jährige Jubiläum der Ersterwähnung ihres Ortes. Eine wechselvolle Geschichte mit Aufstieg und Niedergang, mit Krieg und Frieden, mit Freuden und Leid waren die Kennzeichen der Jahrhunderte. Öde und verlassen, verwüstet und zerstört durch die Ereignisse des Dreißigjährigen Krieges, das war die Charakteristik der Stadt Bötzow, als im Jahre 1640 der Kurfürst Friedrich Wilhelm von Brandenburg seine Herrschaft begann.
Ein Jahrzehnt später schenkte er diese Stadt seiner Gattin, der damals 22jährigen Niederländerin Luise von Oranien. Sie war es, die der heutigen Stadt Oranienburg im Jahre 1652 ihren Namen gab und die in der Mitte des 17. Jahrhunderts den Grundstein dafür legte, daß am Ende des 19. Jahrhunderts aus der ehemaligen Residenzstadt des ersten Preußenkönigs Friedrich I. eine aufwärtsstrebende Industrie- und Gartenstadt wurde.
Das 'Chemische Zentrum im Norden Berlins', wie es von Zeitgenossen genannt wurde, begann sich in der Mitte des 19. Jahrhunderts zu profilieren. Die Oranienburger Chemische Produktenanstalt, in den Räumlichkeiten des Schlosses untergebracht, übernahm dabei eine Pionierrolle bei der industriellen Erschließung und Entwicklung der Stadt. Von besonderer Bedeutung war dabei das Wirken des Professors Dr. Friedlieb Ferdinand Runge. Er machte in seinen Oranienburger Labors Entdeckungen von Weltruf. Der Name Oranienburg wurde durch ihn und seine Erfindungen in vielen Ländern Europas bekannt.
Die Nähe der Hauptstadt Berlin lockte weitere Interessenten für Neuansiedlungen von chemischen Betrieben an. Die äußerst günstige Verkehrslage der Stadt erfuhr durch den Bau der Fernstraße von Berlin nach Neustrelitz, der Eisenbahnstrecke Berlin-Stralsund und des ausgedehnten Wasserstraßennetzes der Havel und Kanäle weitere Verbesserungen.
Die wald- und wasserreiche Gegend in und um Oranienburg lockte nicht nur in Saisonzeiten Tausende Siedler an. Umgekehrt gab es durch den 1891 geschaffenen Vorortverkehr nach Berlin viele Oranienburger, die in Verwaltungen und Industriebetrieben im nahen Berlin arbeiteten. So war es nur natürlich, daß sich alle politischen, industriellen und kulturellen Ereignisse der

Großstadt, im Leben der Randstadt Oranienburg widerspiegelten.
Die bekannte preußische Toleranzpolitik gegenüber den Gläubigen verschiedener Religionen war in Oranienburg um die Jahrhundertwende des 19./20. Jahrhunderts besonders ausgeprägt. Evangelisten, Katholiken, Juden und Atheisten lebten in einem friedlichen Miteinander. Oranienburg war nicht nur die älteste Stadt im Kreis Niederbarnim, sondern auch die Stadt mit den meisten Einwohnern. Lebten 1851 insgesamt 4 049 Erwachsene und Kinder in der Stadt, waren es im Jahre 1905 bereits 10 782 Menschen, die hier lebten und wohnten. Mit Stichdatum 1. Januar 1929 erreichte die Einwohnerzahl 16 044. Heute sind es 30 000.
Der Adreßkalender für das Jahr 1928 pries Oranienburg als Gartenstadt inmitten großer Waldungen und schöner sauberer Seen und Gewässer. Er lobte den herrlichen Park und das Schloß. Die Stadt und ihre Umgebung waren zum beliebten Ausflugsziel von Touristen geworden. Eine Stadt im Grünen, so wurde Oranienburg liebevoll genannt. Doch so friedlich wie die Werbeprospekte es schilderten, war es auch in Oranienburg nie.
Die Industrialisierung brachte es mit sich, daß sich in der Stadt die sozialdemokratischen Ideen und Anschauungen ausbreiteten. Bei den Reichstagswahlen 1898 gaben über 50 Prozent der Wähler ihre Stimme den Sozialdemokraten. Die Stadt war eine der Hochburgen der SPD. Außerdem gab es zahlreiche andere Arbeiterorganisationen, die neben bürgerlichen Verbänden und Vereinen sowie traditionell monarchistischen Gruppen und Vereinigungen das Leben in der Stadt gestalteten.
Mit dem Eintritt der NSDAP in das politische Leben der Stadt (1925) verschärften sich die Spannungen, und es kam mehrfach zu blutigen Auseinandersetzungen zwischen den immer zahlreicher werdenden Anhängern der Nazipartei und anderen demokratischen Kräften der Stadt. Es war ein Vorspiel nur, für das, was ab 1933 folgen sollte. Doch dieses Buch endet mit Beginn der dreißiger Jahre.
Für die Zurverfügungstellung der Postkarten und Fotos sowie die Korrektur der Texte sei mein Dank an dieser Stelle ausgesprochen an Frau Engel, Schwester Renate vom Heim Annagarten, Frau Ute Reitspiess, Herrn Collins, Herrn Senger, Herrn Schröder, Herrn Stephan, Herrn Ruf und der Familie Nagler.

1. Das Stadtwappen entstand im 16. Jahrhundert. Es zeigte in seiner ursprünglichen Form einen Eichbaum, rechts davon (heraldisch gesprochen) einen roten Fisch. Es handelte sich hierbei um einen Äland, wie er in den heimischen Gewässern anzutreffen war. Auf der linken Seite befanden sich sieben Rohrkolben. Das Wappen war Ausdruck der Verkörperung der Bürgerrechte im Mittelalter. Es war dies der freie Fischfang im Burggraben und Lehnitzsee, freie Rohrung, freie Mast im Wald sowie freie Holzung und Weide. Im Laufe der Jahrhunderte änderte sich das Wappen mehrfach. Im Bild das Stadtwappen von Oranienburg in der zweiten Hälfte des 19. Jahrhunderts.

2. Im Jahre 1640 erhielt Bötzow, das spätere Oranienburg, einen neuen Landesherren. Es war Kurfürst Friedrich Wilhelm von Brandenburg. Der 'Große Kurfürst', wie er genannt wurde. Noch ahnten die Bötzower nicht, daß mit seiner Herrschaft auch ein neues Kapitel Stadtgeschichte beginnen sollte. Kurfürst Friedrich Wilhelm schenkte am 27. September 1650 seiner jungen Gattin das Schloß Bötzow auf Lebenszeit.

3. Neue Besitzerin des Schlosses und der Stadt Bötzow mit allen dazugehörigen Dörfern, Äckern, Vorwerken, Schäfereien, Mühlen, Weiden, Fischereien in der Havel und im Lehnitzsee, den Diensten, Pachten, den Geld-Wiesen und Pachtzins, den Rohrnutzungen und Zöllen war seit 1650 die Tochter des Vereinten Statthalters der Niederlande, des Fürsten Friedrich Heinrich, und Gattin des 'Großen Kurfürsten', die Kurfürstin Luise Henriette von Brandenburg. Sie erwarb sich durch ihr schaffensreiches Wirken unvergängliche Verdienste. Der Name der Stadt Oranienburg ist eine immerwährende Erinnerung an sie.

4. Eine Hauptsehenswürdigkeit des Oranienburger Schlosses war in den Jahren der Herrschaft des späteren Preußenkönigs Friedrich I. das Porzellankabinett. Der englische Reiseschriftsteller John Toland beschrieb es so: 'Die Galerie und das Porzellankabinett, worin man eine unendliche Zahl antiker Vasen, Siegel und anderer Merkwürdigkeiten von ähnlicher Beschaffenheit sieht, ist ein Wunder, das man an keinem Orte wiederfindet.' Erhalten ist heute noch die Decke, deren weitgespannte Voute verwirrend reich stuckiert ist. Ihre Hauptmotive sind der Stern des Hosenbandordens und das Monogramm Friedrich III. Das kreisrunde Gemälde in der Mitte mit dem Heliosgespann und Aurora stammt von Augustin Terwesten. Die lateinische Inschrift an den Rändern 'Hony soit, qui mal y pense' heißt im Deutschen 'Schmach über den, der Arges dabei denkt'.

5. Im Jahre 1832 wurde der außerordentliche Professor der technischen Chemie Dr.med.et phil. Friedlieb Ferdinand Runge nach Oranienburg als technischer Leiter der Chemischen Produktenfabrik berufen. Seine Labors wurden zu Forschungsstätten von Weltbedeutung. Der Name Oranienburg gewann einen besonderen Klang in den Annalen der Chemie. Hier, in dieser Stadt, machte er im Jahre 1834 seine hervorragendsten Entdeckungen: Er fand im Steinkohlenteer die Karbolsäure (Phenol) und das Anilin (Kyanol). Andere Entdekkungen waren Ausgangspunkt für die Entwicklung von ganzen Industriezweigen. Runges Geburtsort war Billwärder bei Hamburg, wo er am 8. Februar 1794 das Licht der Welt erblickte. Sein Sterbeort war Oranienburg. Von seinen Landsleuten und den Oranienburgern völlig verkannt, endete sein Forscherleben am 25. März 1867. Seine Grabstelle befindet sich auf dem Städtischen Friedhof in Oranienburg.

6. Im Jahre 1838 wurde der erste jüdische Tempel in der Stadt eingeweiht. Die jüdische Gemeinde umfaßte zu diesem Zeitpunkt 58 Personen. Die Synagoge befand sich in der Havelstraße 6. Einhundert Jahre später, in der berüchtigten Pogromnacht der Nazis am 9./10. November 1938, wurde sie von SA-Leuten und Schlägern der NSDAP verwüstet. Im Bild die Innenansicht des Bethauses der Synagogengemeinde. Das Haus wurde am 6. März 1944 während eines Bombenangriffes auf die Stadt völlig zerstört.

7. Das ehemalige Haus des Hofgärtners, an der linken Seite des Eingangs zum Schloßpark gelegen, wurde seit der Mitte des 19. Jahrhunderts von der jüdischen Familie Blumenthal bewohnt. Als 'Blumenthalsches Haus' war es zwischen 1870 und 1930 Stätte der Begegnungen vieler angesehener Bürger der Stadt. Bis zum Jahre 1901 wohnte in diesem Haus der Ehrenbürger der Stadt und Stadtälteste Ellix Blumenthal. Sein Sohn, der Kaufmann und Bankier Martin Blumenthal, zugleich erster Vorsteher der Synagogengemeinde, bewohnte es bis zu seinem Tode im Jahre 1933.

8. Im Südteil der Stadt Oranienburg entstand im Jahre 1899 das katholische Kinderheim 'Sankt Johannesberg'. Ursprünglich von Dominikanerinnen als Erholungsstätte für Berliner Kinder gegründet, entwickelte sich daraus ein Kinderheim. Seit 1963 ist es eine Schule und Werkstatt für Behinderte. Heute gehört es zur 'Caritas Familien- und Jugendhilfe GmbH'.

9. Zum Heim gehörte immer eine kleine Kapelle für die etwa 100 Insassen katholischen Glaubens. Die Kapelle ist 'Johannes dem Täufer' geweiht. Regelmäßig finden auch heute noch katholische Gottesdienste an diesem Ort statt.

10. Die im Jahre 1893 gegründete 'Vegetarische Garten- und Obstbaukolonie Eden' im Westteil der Stadt Oranienburg entwickelte sich in kurzer Zeit unter den Händen der fleißigen Kolonisten von einer Sandfläche in fruchtbringende Gärten. Das gemeinschaftliche Siedlungsgelände von 2 800 Quadratmetern wurde in Heimstätten von 40 mal 70 Metern aufgeteilt. Etwa 30 000 Zentner Dungkehrricht schleppten die ersten Siedler in Tragegestellen auf den losen Sandboden. Berliner Mist vermischt mit Kraft und Schweiß brachte die höchsten Erträge. Anfangs bespöttelten die Oranienburger die Vegetarier in Eden als 'Kohlfresser am Rande der Stadt'. Doch als sie sahen, was auf dem einstigen Sandboden zu ernten war, wurden die Oranienburger ruhiger und achtungsvoller.

11. Tages Arbeit – abends Gäste, saure Wochen – frohe Feste; das war eine der Devisen der Siedler von Eden. Besonders beliebt waren die Frühlings- und Erdbeerfeste.

12. Im Jahre 1904 beschlossen die Edener Siedler eine Geschäfts- und Gemeindeordnung, in der humane und soziale Grundsätze formuliert waren, die beispielhaft nicht nur für die Gründerjahre wirkten. So hieß es in dieser Ordnung: ‘Jedes Gemeindemitglied hat eingedenk zu sein, daß die Kolonie Eden nicht nur eine Produktivgenossenschaft zur Erzielung materiellen Gewinns ist, sondern in erster Linie gegründet wurde, um ein Sammelpunkt sittlich strebender Menschen zu sein. Eine bestimmte und ausschließlich gültige, den einzelnen bindende Weltanschauung oder wissenschaftliche Doktrin oder ein Parteiengrundsatz sollen auf Eden nicht herrschend sein.’

13. Die Mitglieder der Obstbaukolonie in Oranienburg-Eden schenkten der Erziehung und Bildung ihrer Kinder große Aufmerksamkeit. Mit sieben Kindern wurde bereits 1897, vier Jahre nach der Gründung der Eden-Genossenschaft eine Privatschule eröffnet. Ein Jahr später folgte für die jüngeren Kinder ein Kindergarten. Im Bild: Edener Kinderschau 1898.

14. Im Jahre 1885 verlagerte Dr. Heinrich Byk seine chemische Fabrik von Oranienburg. 1896 wurde der Betrieb in eine Aktiengesellschaft umgewandelt. Eine weitere Verschmelzung fand 1920 mit den Guldenwerken statt. Unter der Bezeichnung Byk Guldenwerke Chemische Fabrik AG Oranienburg wurde eine breite Palette an chemischen Synthesen hergestellt. Insbesondere spezialisierte sich der Betrieb auf pharmazeutische Produkte zur Heilung von Atemerkrankungen und grippalen Infekten. Ferner wurden harntreibende und herzstärkende Mittel hergestellt. In einem zweiten Betriebsteil wurden fotografische Papiere gefertigt. Im Zweiten Weltkrieg wurde der Betrieb völlig zerstört. In der DDR wurde mit dem Wiederaufbau begonnen. Seit 1991 gehören die Oranienburger Pharmawerke zur Altana A.G. Bad Homburg von der Höh. Im Hintergrund des Fotos die Byk-Gulden AG mit den Werken I und II (um 1930).

15. Die Byk-Guldenwerke beschäftigten in ihren Werksabteilungen viele weibliche Mitarbeiter. Die Anzahl der Arbeiter betrug im Jahre 1901 im Durchschnitt 120 Personen. Im Bild: Arbeiterinnen in der Tablettenabfüllabteilung.

16. Die Luftaufnahme aus dem Jahre 1930 zeigt die Anlage des ältesten chemischen Betriebes der Stadt. Als Nachfolgerin der Chemischen Produktenanstalt, in der Prof.Dr.Dr. Runge seine weltbekannten Entdeckungen machte, hatte die Chemische Fabrik Oranienburg AG im Bereich des sogenannten Mühlenfeldes ihre Betriebsanlagen. Die Hauptproduktion des Betriebes war Schwefelsäure, hergestellt aus Schwefelkies, der aus Norwegen und Spanien importiert wurde. Der Betrieb beschäftigte um die Jahrhundertwende im Durchschnitt 160 Arbeitnehmer. Der Betrieb stellte seine Produktion nach 1945 in Oranienburg ein.

17. Im Jahre 1895 gründete die Firma Ebel und Co die Oranienburger Elektrizitäts- und Wasserwerke AG. Die in der heutigen Heidelberger Straße befindlichen Betriebsanlagen erfuhren im Verlaufe der zwanziger Jahre eine Veränderung. Da das E-Werk nicht mehr den technischen Anforderungen entsprach, wurde es im Jahre 1929 demontiert und als Zählerreparaturwerkstatt und Elektrisches Prüfamt umgebaut. Als Zählerprüfamt Nr. 14 erfolgten die Reparatur und die Prüfung von Zählern für das damalige Land Brandenburg. Während des Zweiten Weltkrieges wurde der Betrieb fast völlig ausgebombt. Nach dem Krieg begann der Wiederaufbau. Seit 1991 gehört das Oranienburger Zählerreparaturwerk mbH zur Deutschen Zählergesellschaft.

18. Jette war eine Originalfigur in der zweiten Hälfte des 19. Jahrhunderts, als man die Fahrten von Oranienburg nach Berlin noch mit dem Pferdeomnibus für zehn bis fünfzehn Silbergroschen durchführte. Jette, das war die Tochter des Fuhrunternehmers Bath aus Oranienburg, welcher ab 1849 Fahrten in die nähere und weitere Umgebung durchführte. Nach dem Tod des Vaters übernahm die Tochter Jette das Geschäft. Wollte jemand mit ihrem Bus mitfahren und fragte: 'Wann fahren wir?', so kam von ihr die Antwort: 'Wann wir fahren, weeß ick nich, ick weeß bloß, wann ick fahre.' 'Und wann ist das?' 'Wenn icke fertig bin. Steigense man immer rin in de Ommdebus, und wartense, bis et losjeht.' Über die Oranienburger Jette gibt es viele nette kleine Geschichten. Die abgebildete Zeichnung stammt von einem unbekannten Grafiker aus dem Jahre 1923.

19. Im Bild der sogenannte Alte Bahnhof, wie er bis zum Jahre 1908 aussah. Zu ebener Erde gebaut, war er der Haltepunkt der seit 1877 in Betrieb genommenen Fernbahnstrecke Berlin-Stralsund und der S-Bahnstrecke Berlin-Gesundbrunnen-Oranienburg.

20. Zweimal wöchentlich fand der Oranienburger Wochenmarkt statt. Er war jeweils mittwochs und sonnabends, am Dienstag gestattete man die Abhaltung von Krammärkten, und am Montag nach dem Palm-Sonntag war zugleich Viehmarkt möglich. Daneben fanden drei- bis viermal jährlich Jahrmärkte statt. Da Oranienburg keinen Marktplatz hatte, fanden die Märkte in der Nähe des Schlosses statt. Unser Foto zeigt Blumenverkäuferin Frau Spender beim Markttag im Jahre 1905.

21. Der Eingang zum Schloßpark gehört zu den architektonisch am schönsten gestalteten Denkmalen der Stadt Oranienburg. Das Foto entstand um 1900.

22. Anfang unseres Jahrhunderts kam es zur Gründung von Sportvereinen in der Stadt. Im Bild Mitglieder des am 27. August 1901 gegründeten Klubs 'SC Oranien'. Im Sport-Club 'Oranien' 1901 konnte man Fußball spielen oder leichtathletische Disziplinen betreiben. Die Übungsabende für Leichtathletik waren im Sommerhalbjahr dienstags und donnerstags auf dem Städtischen Sportplatz. Im Winterhalbjahr fanden sie in der Städtischen Turnhalle in der Bernauer Straße statt. Das Fußballtraining war mittwochs auf dem Oraniensportplatz in der Berliner Allee.

23. Um die Jahrhundertwende begann in allen Stadtteilen von Oranienburg eine verstärkte Bautätigkeit. Besonders östlich und nördlich der Stadt sprengte der Bau von Eigenheimen die bisherigen Stadtgrenzen. Zur Sicherung der Rechte der künftigen Besitzer bildete sich in Oranienburg eine starke Gruppe des 'Ringes der Bauwirte'. Die Aufnahme wurde um die Jahrhundertwende gemacht.

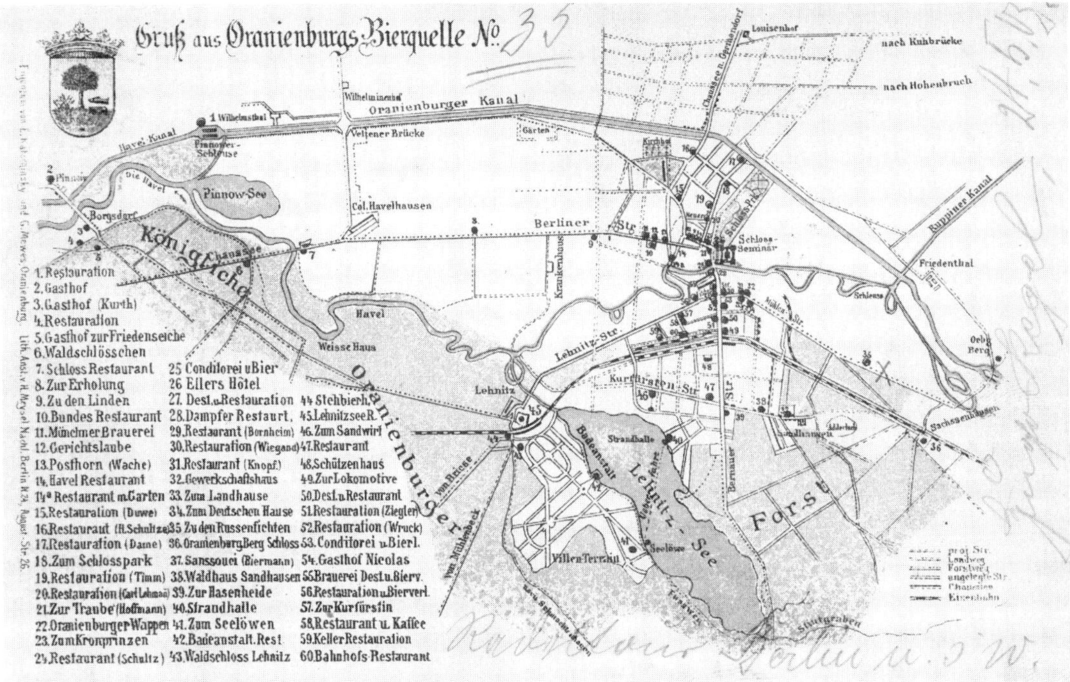

24. Das schaffte man an einem Abend nicht. Ja, man hatte selbst Schwierigkeiten, um sie alle in einer Woche zu besuchen. Und pro Monat gerechnet hieß täglich zwei Bierquellen in der Stadt anzulaufen. Wenn man bedenkt, daß die Anzahl der Männer, die zu jener Zeit, im Jahre 1903, die Gaststätten bevölkerten, bei etwa 4 000 in der Stadt lag, läßt es sich ausrechnen, daß Oranienburg eine Biertrinkerstadt war (Frauen besuchten die Bierquellen zu dieser Zeit nicht oder selten). Doch ganz so schlimm war es nicht, denn an den Wochenenden überfluteten Tausende Berliner Sommerfrischler die Bierquellen von Oranienburg.

25. Eines der ältesten Restaurants der Stadt war das Hotel Eilers. Es war neben dem Schloß einer der zentralen Punkte der Stadt. Ursprünglich als Rathaus der Stadt erbaut, mußte es jedoch bald wegen finanzieller Schwierigkeiten verkauft werden. Theodor Fontane, der märkische Heimatschriftsteller, beschrieb es wie folgt: 'Das Haus, das uns aufnehmen soll, verbirgt sich fast hinter den Lindenbäumen, die es umstehen, und erweckt, neben manchen anderen, unsere günstigen Vorurteile auch dadurch, daß wir vernehmen, es sei Rathaus und Gasthaus zugleich. Wo Justiz und Gastlichkeit so nahe zusammenwohnen, da ist es gut sein. In alten Zeiten war das häufiger. Unsere Altvorderen verstanden sich besser auf Gemütlichkeit als wir.' Das Haus wurde wegen Baufälligkeit nach 1945 abgerissen. Heute befindet sich an diesem Platz die Filiale der Deutschen Bank.

Oranienburg — Realgymnasium

26. Ab 15. April 1914 wurde das neuerbaute Schulgebäude des Realprogymnasiums und der Realschule den Schülern und Lehrern übergeben. Im Schulgebäude befanden sich 15 Klassenräume, ferner ein Physik-, ein Chemie- und ein Gesangsraum, die Aula, ein Zeichensaal, je ein Zimmer für Lehrer- und Schülerbibliothek sowie Diensträume für den Direktor und die Lehrer. Eine für die damalige Zeit vorbildlich eingerichtete Stätte der Erziehung und Bildung. In einem Seitenflügel befanden sie die Räume der im Jahre 1900 gegründeten Volksbibliothek.

27. Im Jahre 1894 wurde in der damaligen Kurfürstenstraße vom Verleger Wilhelm Möller ein neuer Verlag und eine Druckerei in Betrieb genommen. Unter dem Slogan 'Möller druckt alles' wurden Broschüren, Bücher, Plakate, Prospekte und vieles mehr gedruckt. Der Möller-Zeitungsverlag war der Herausgeber der weitverbreitetsten Zeitung zwischen Berlin und Mecklenburg, der 'Nord-Berliner Tagespost'. Nach Kriegsende wurde die Ausrüstung des Betriebes demontiert. Sie war Teil der Reparationszahlungen der Ostzone an die Sowjetunion.

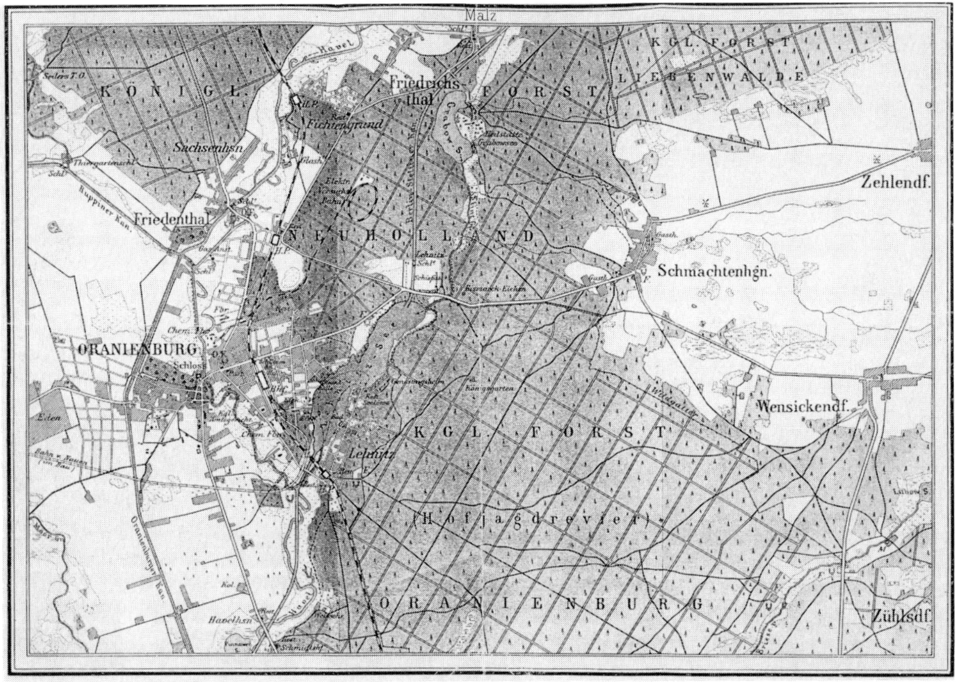

28. Karte von Oranienburg und Umgebung aus dem Jahre 1910.

29. Blick von der Schloßbrücke auf das ehemalige Restaurant 'Luisenbad', dem späteren 'Havelschlößchen'. Auf der rechten Seite des Bildes sieht man einen Teil der ehemaligen ersten Gemeindeschule von Oranienburg, im Vordergrund die Bootsanlegestelle der Reederei Maaß.

30. Eine gelungene Luftbildaufnahme des Stadtteils von Oranienburg-Neustadt. Im Vordergrund die Eisenbahnbrücke der Fernbahn nach Stralsund und Rostock. Fast schnurgerade verläuft die Straße in Richtung Bernau, rechts und links bepflanzt mit Lindenbäumen und Kastanien. Ein Stadtteil im Grünen und am Wasser.

31. Fast am Ortsausgang, in östlicher Richtung, lag das Restaurant 'Waldhaus'. Die Rückfront des Gartenrestaurants war terrassenförmig angelegt. Nicht nur gepflegte Speisen und Getränke waren hier zu haben, auch ein herrlicher Blick auf den Lehnitzsee bot sich den Besuchern.

32. Der Lehnitzsee, ein beliebtes Ausflugs- und Erholungsziel nicht nur für die Oranienburger, sondern vorwiegend für die Berliner. Der etwa drei Kilometer lange und 450m breite See bot durch seine Waldumgrenzung, sowie seltene Tier- und Pflanzenarten, Entspannung und Erholung.

33. Als direkte Wasserverbindung zwischen Berlin und dem damaligen Stettin (heute Szczecin in Polen) wurden von 1908 bis 1914 im Bereich unseres Territoriums Baggerarbeiten für den Großschiffahrtskanal durchgeführt. Im Bild zu sehen die Ausbaggerung der Strecke zwischen Lehnitzschleuse und Malz. Die Aufnahme stammt aus dem Jahre 1908.

34. Am 18. April 1912 passierten die ersten beiden Schiffe die Lehnitzschleuse. Es waren der Regierungsdampfer 'Lehnitz' vom Kanalbauamt Oranienburg und der Kahn des Malzer Schiffers Friedrich Geiseler. Seitdem befuhren Zehntausende Kähne und Schiffe den Kanal.

35. In einem Werbeprospekt des Jahres 1930 über die Schiffsreederei Maaß war zu lesen: 'Meine neuerbauten Decksalonschiffe "Sommernachtstraum I und II" sind mit neuesten Errungenschaften der modernen Schiffsbautechnik ausgerüstet. Die Platzkapazität beträgt 125 Personen.' In den Sommermonaten fuhren die Schiffe ab Oranienburg Havelschlößchen bzw. Strandhalle nach folgenden Orten: Dienstag und Donnerstag nach dem Werbellinsee, Mittwoch nach Neuruppin. Fernfahrten wurden nach Potsdam, Hamburg, Stettin und Magdeburg durchgeführt. Im Bild 'Sommernachtstraum' der Reederei Maaß.

36. Ein beliebter Treffpunkt war das Terrassencafé 'Seelöwe' in Lehnitz. Von seinem Standort hatte man einen herrlichen Ausblick über die schöne Landschaft.

37. Badelustige Berliner am Lehnitzsee. Eine Aufnahme aus dem Jahre 1928. Einen FKK-Strand gab es am Lehnitzsee noch nicht.

38. Im Bild das Oranienburger Schützenhaus. Treffpunkt der Mitglieder der Schützengilde bei Festlichkeiten und in der Freizeit. Die Oranienburger Schützengilde wurde bereits 1711 gegründet. 1841 wurde die Gilde als Verein bestätigt, und weitere 50 Jahre später, im Jahre 1899, gab sich der Verein ein neues Statut. An der Spitze der Gilde stand ein Hauptmann. Eine wichtige Rolle spielte der Feldwebel. Das Hauptstück der Bekleidung der Gilde waren eine graue Joppe mit grünen Achselstücken und ein grauer Hut mit grünem Bande.

39. Bei der Schützengilde galt der Grundsatz: Kein Vergnügen ohne Frauen. Das Ball- und Festkleid der Mutter und Tochter gehörte genauso zur Ausstattung wie die Schützenuniform. Neben den Räumlichkeiten des Schützenhauses wurden natürlich auch die Gartenplätze für Feiern und Festlichkeiten genutzt.

40. Die Schießstände der Schützengilde befanden sich unmittelbar an der östlichen Stadtgrenze in Richtung Schmachtenhagen. Der Schießplatz verfügte über Schießschanzen und Buden. In den ersten Jahren war auch eine Tanzbude dort zu finden. Der Platz wurde in der Nazizeit als Schießplatz von der SS genutzt. Nach 1945 war er Schießplatz der Polizei.

41. Der ehemalige Bismarckplatz im Stadtteil Neustadt war einer der schönsten Plätze der Stadt. Umgeben von Konditoreien und Cafés, lud er die Bewohner und Gäste zum Verweilen ein.

42. Diese Luftbildaufnahme zeigt die Oranienburger Altstadt mit Zentrum und Nicolaikirche im Jahre 1930. In zwei verheerenden Bombenangriffen, am 6. März 1944 und 15. März 1945, wurde sie zu fast 70 Prozent zerstört.

43. Eine der zentralen Vergnügungsstätten der Altstadt waren die Waldowschen Festsäle in der damaligen Berliner Straße. Sie wurden durch Kriegseinwirkungen 1945 zerstört.

44. Ein Blick in den großen Saal des Waldowschen Restaurants versetzt den heutigen Oranienburger ins Erstaunen. In diesem Saal fanden in den zwanziger Jahren wöchentlich zwei Theateraufführungen der 'Freien Volksbühne' von Oranienburg statt.

45. Ein weiterer verhältnismäßig großer Saal befand sich im Schützenhaus in der Oranienburger Neustadt. Die eindrucksvolle Gestaltung mit Jagdmotiven aller Art zeigte den Geschmack der Oranienburger Bürger. Das Haus wurde durch Kriegseinwirkungen schwer beschädigt. Zu DDR-Zeiten erfolgte der Neuaufbau des Restaurants.

46. In der Poststraße zu Oranienburg wurde die älteste Bank der Stadt gegründet. Unter der Bezeichnung 'Vorschußverein' begannen 18 angesehene Bürger der Stadt am 10. April 1862 unter der Devise 'Hilf dir selbst' in einer Kreditgenossenschaft, nach einem Statut das Kreditwesen in der Stadt zu organisieren. Im Jahre 1889 kauften sie aus eigenen Mitteln das Desselmannsche Haus in der Poststraße 4, um hier ihre Geschäftsräume unterzubringen. Im Bild das Gebäude des Vorschußvereins im Jahre 1910. Heute befindet sich hier die Deutsche Volksbank AG.

47. Am 27. September 1930 wurde im Eckgrundstück Bernauer/Stralsunder Straße ein neues repräsentatives Gebäude der Kreissparkasse des Kreises Niederbarnim seiner Bestimmung übergeben. In einem Dreivierteljahrhundert, von 1857, dem Gründungsjahr der Sparkasse in Oranienburg, bis zur Inbetriebnahme der neuen Nebenkasse E, hatte sie sich zu einem bedeutenden Faktor des Kredit- und Wirtschaftslebens in der Stadt entwickelt. Im Bild das neue Gebäude der Nebenkasse E der Kreissparkasse Niederbarnim. Heute befinden sich in diesen Räumlichkeiten die Geschäftsräume der Raiffeisenbank e.G. Oranienburg.

48. Das Foto zeigt den 'Neuen Platz' um das Jahr 1930. Eine Ansicht von Oranienburg aus westlicher Richtung. Der großzügig gestaltete Platz paßte sich dem Stadtbild gut an.

49. Während des Ersten Weltkrieges mußte die evangelische Nicolaikirche Oranienburg zwei Glocken für Kriegszwecke abliefern. Sie wurden eingeschmolzen, um daraus Geschütze und Panzer zu produzieren. Im Jahre 1921 erhielt die Kirche zwei neue Bronzeglocken zurückgeliefert. Die Mittelglocke, im Vordergrund des Bildes zu sehen, hatte ein Gewicht von 13 Zentnern. Ihr wurde der Name 'Liebe' verliehen. Die kleine Glocke, im Bild auf der rechten Seite, hatte ein Gewicht von 6,5 Zentnern. Sie bekam den Namen 'Hoffnung'. Der Tag der Glockenweihe war am 4. Dezember 1921. Es war der 2. Adventssonntag.

50. Wenn wir über die Schloßbrücke in östlicher Richtung weitergehen, sieht man rechts und links die schmucken und ansehnlichen Bürgerhäuser der damaligen Bernauer Straße. Die beiden im Bild zu sehenden Sandsteinfiguren sind Sinnbilder der Verkörperung der Rechte der Stadt.

51. Alte und neue Firmennamen belebten in den zwanziger Jahren die beliebte Einkaufsstraße in der Mittelstadt.

52. Das heutige Hotel 'Oranienburger Hof' hatte in seiner Geschichte schon viele Namen. Bis 1918 war es das 'Café Hohenzollern'. Schon daran ist zu merken, welche Namenstradition in der Stadt vorherrschend war.

53. Fast auf gleicher Höhe, jedoch auf der gegenüberliegenden Seite, errichtete die Stadtverwaltung in der Bernauer Straße eine Städtische Turnhalle. Benutzer waren neben den Schülern der damaligen 2. Gemeindeschule auch die Sportler des 'SC Oranien' und der 'Freien Turnerschaft' Oranienburg.

54. In der ehemaligen Stralsunder Straße befanden sich neben den Bürgerhäusern eine vielseitige Auswahl an Geschäften. Im Vordergrund des Bildes das Geschäft von Blumen-Spender, eines der ältesten Blumengeschäfte der Stadt. Schon in den dreißiger Jahren wurden von hier Blumen über den Fleurop-Dienst in alle Welt ausgeliefert. Das Haus wurde beim letzten Bombenangriff auf die Stadt, am 20. April 1945, zerstört.

55. Im Jahre 1926 bezog die Deutsche Reichspost ein neuerrichtetes Gebäude mit Postamt und Postkraftwagenpark in der damaligen Stralsunder Straße 10/11. Mit diesem Bauwerk entstand ein weiteres repräsentatives Gebäude im Bereich des Bahnhofsvorplatzes.

56. Aus dem Fotoalbum einer Oranienburger Familie in der damaligen Mühlenstraße: Nicht die ausgesprochene Hinterhofatmosphäre von Berliner Mietskasernen war in Oranienburg zu spüren, die hinteren Teile der Häuser waren etwas luftiger und offener gestaltet. Ein typisches Kennzeichen für deutsche Klein- und Mittelstädte. Das Haus wurde während des Zweiten Weltkrieges zerstört.

57. Fast am Ende der Mühlenstraße befand sich das 'Restaurant zur Kayserhütte'. Das von C. Wilhelm Kayser & Co AG zu Beginn unseres Jahrhunderts erbaute Hüttenwerk produzierte elektrolytisches Kupfer sowie Blei, Zinn und andere Legierungen. Der 84 Meter hohe Schornstein war der höchste Punkt Oranienburgs. Der Betrieb hatte Bahn- und Wasserstraßenanschluß. Im Jahre 1912 waren bei Kayser & Co mehr als 350 Arbeiter beschäftigt. Das Foto stammt aus dem Jahre 1907.

58. Mehrstöckige Wohnhäuser gaben der Bernauer Allee in den zwanziger Jahren das Gepräge. Die Gaststätte August Pürschel war eine von über 60 gastronomischen Einrichtungen, die es zu dieser Zeit in der Stadt gab. Das Haus wurde im Krieg schwer beschädigt.

59. In der Waldstraße 38 befanden sich in den zwanziger Jahren mehrere kirchliche Vereine unter einem Dach. Unter der Bezeichnung 'Immaculatahaus' sollten vor allem weibliche Jugendliche aus der Hauptstadt Berlin Hilfe erhalten. Heute befindet sich in diesem Haus die Musikschule 'Alfred Schmidt-Sas'.

60. Im ehemaligen Gut 'Annagarten', nahe dem Ortsteil Tiergarten, wurde am 1. Juli 1926 ein Heim des Deutschen Gemeinschafts-Diakonie-Verbandes seiner Bestimmung übergeben. Die Heimbewohner waren anfangs junge Frauen und Mädchen aus Berlin, die aus besonderen Umständen heraus straffällig geworden waren und denen ohne Strafvollzug der Weg in das normale bürgerliche Leben geebnet werden sollte. Später änderte das Heim seinen Charakter, es blieb jedoch immer in Obhut des Deutschen Diakonie-Verbandes. Im Bild: das Haupthaus, inmitten einer Parkanlage gelegen.

61. Eine Gruppe Diakonissen-Schwestern des Heimes 'Annagarten' im Jahre 1930. Die Schwestern waren in erster Linie Lehrerinnen. Sie unterrichteten die Heimbewohner in mehreren theoretischen Fächern wie Deutsch und Buchführung sowie im praktischen Unterricht der Hauswirtschaft und Krankenpflege. Es waren und sind gütige, hilfsbereite und hingebungsvolle Frauen, die sich ein Leben lang als Schwestern verpflichteten.

62. Kehren wir noch einmal zum Stadtteil Oranienburg-Eden zurück. Eine Luftaufnahme zeigt die sauberen und gepflegten Grundstücke und Gärten der Mitglieder der Edener Genossenschaft. Eine wahre Freude, die wie mit einem Lineal gezogenen Abgrenzungen der Siedler aus anderer Sicht zu bewundern.

63. Ein vielseitiges kulturelles Leben, verbunden mit aktiver Selbstbetätigung, war in den zwanziger Jahren in der Edener Siedlungsgenossenschaft zu verzeichnen. Frühlingsfeste der Jugend waren bei der heranwachsenden jungen Generation besonders beliebt. Im Bild sehen wir den in Eden traditionellen Umzug der Kinder und Jugendlichen, mit dem sie den Frühling begrüßten. Unter der Fahne mit dem Wappen von Eden marschierten sie singend durch Eden.

Anna Rubner zu Beginn ihrer Künsterlaufbahn.

64. Seit 1915 wohnte die Schauspielerin Anna Rubner in Oranienburg-Eden. Ihr bürgerlicher Name war Anna Juliane Marianne Szombathy. Geboren am 26. September 1883 in Wien, besuchte sie die Schauspielakademie und stand im Jahre 1903 zum ersten Mal auf der Bühne. Die 'Bretter, die ihr die Welt bedeuteten', bestimmten ihr weiteres Leben. In Oranienburg-Eden gründete sie die 'Edener Heimatbühne', ein Laientheater, das nicht nur in Oranienburg bekannt war. Mit ihren hervorragenden schauspielerischen Fähigkeiten begeisterte sie im Laufe der Jahrzehnte Hunderttausende von Menschen aus allen Teilen Deutschlands. Den Menschen Freude und Entspannung zu bringen, war ihre Lebensmaxime, welches ihr auch in schwerer Zeit gelang. Am 21. April 1968 verstarb sie in Oranienburg.

65. Im Jahre 1919 wurde in Oranienburg-Eden die erste Kulturwoche durchgeführt. Ausstellungen der in Eden lebenden Berufs- und Laienkünstler fanden das Interesse zahlreicher Besucher. Die Werke des Edener Bildhauers Wilhelm Groß ragten bei diesen Ausstellungen besonders hervor. 'Edener Köpfe', so nannte der Bildhauer Groß die im Foto zu sehenden Plastiken von Edener Zeitgenossen.

66. Den älteren Einwohnern von Oranienburg und Umgebung wird das Gut oder das spätere 'Schloß Friedenthal' noch in guter Erinnerung sein. Friedenthal konnte dabei auf eine jahrhundertlange Tradition verweisen. 1873 erwarb der Berliner Bankier Pinkuß das Schloß Friedenthal in der im Foto zu sehenden Form. Nach Innenmodernisierung und Gestaltung verblieb es bis 1922 in Familienbesitz. 1922 erfolgte ein Besitzwechsel, dem in den folgenden Jahren weitere folgten. Das Schloß war von einem schönen Park mit prächtigem altem Baumbestand umgeben. In der Nazizeit war im Schloß Friedenthal ein Sonderkommando der Gestapo sowie eine Schule zur Ausbildung von Agenten untergebracht. Im April 1945 sprengten SS-Einheiten das Gebäude.

67. In Friedenthal gab es jedoch nicht nur das Schloß. Das Leben zeigte sich auch von seiner Schattenseite. Die Armut war in vielen Familien zu Hause. Die Sorge um das tägliche Brot, die Zukunft und Sicherheit ließen manchen Bürger schneller alt werden. Was wird sie wohl denken, die durch Arbeit frühzeitig altgewordene Frau aus Sachsenhausen? Oft war die soziale Sicherheit und Absicherung in den zwanziger Jahren nur ein Wunschtraum vieler älterer Menschen.

68. Sachsenhausen – die auf Veranlassung Friedrich II. gegründete 'Spinnerkolonie' entwickelte sich im Laufe der Jahrzehnte zu einer Gemeinde am Rande der Stadt. Mit etwa 2 500 Einwohnern zählte sie zu den größeren Dörfern im Kreis Niederbarnim. Umgeben von Wasser und Wald war es Anziehungspunkt vieler Wanderer und Erholungsuchender.

69. Am 12. Februar 1914 erfolgte in der Gemeinde Sachsenhausen die Grundsteinlegung für eine evangelische Kirche. Die Bausumme von rund 47 000 Mark war durch Sammlungen und Spenden der Bevölkerung aufgebracht worden. Der Wunsch nach einer eigenen Kirche verstärkte sich zu Beginn unseres Jahrhunderts zunehmend. Die Kirchweihe geschah am 4. Advent des Jahres 1914. Mit ihren Abmessungen von 18,50 Metern Länge, 10,70 Metern Breite und der Turmhöhe von 26,50 Metern sowie einer Sitzkapazität von 230 Plätzen wurde sie bald zu einem der Zentren der Christen von Sachsenhausen.

70. Einer der bekanntesten und beliebtesten Pfarrer der Gemeinde Sachsenhausen war der spätere Altbischof D. Kurt Scharf. Geboren am 21. Oktober 1902, übernahm er mit 31 Jahren die Pfarrstelle in Sachsenhausen. Der Bekennende Christ lehnte es ab, seine pfarramtliche Tätigkeit in den Dienst der Nazipropaganda zu stellen. Vernehmungen und Haft konnten den mutigen Christen nicht von seiner Aufgabe abbringen. Seine Kirche und seine Wohnung waren in der Nazizeit mehr als einmal Zufluchtsort für Andersdenkende. Nach dem Zweiten Weltkrieg wurde er mit hohen kirchlichen Ämtern betraut. Als Ratsvorsitzender der Evangelischen Kirche in Deutschland wurde er geachtet und verehrt. Er hielt ständigen Kontakt mit seiner Kirchengemeinde in Sachsenhausen. Am 28. März 1990 verstarb der 87jährige in Berlin.

71. Im Jahre 1913 wurde in der Gemeinde Sachsenhausen ein Gemischter Chor gegründet, der sich bald allgemeiner Beliebtheit erfreute. Die Pflege des ausgewählten Kirchenliedschatzes und des Volksliedes gehörten seit der Gründung bis heute zum Anliegen des Chores, in dessen Reihen schon mehrere Generationen von Sachsenhausener Bürgern mitwirkten. Im Bild sehen wir die Mitglieder des Chores mit ihren Familienangehörigen bei einem Ausflug anläßlich des zehnjährigen Bestehens des Chores im Jahre 1923.

72. Fichtengrund, nordöstlich von Oranienburg gelegen, ist ein Ortsteil der Gemeinde Friedrichsthal. Der Haltepunkt entlang der Strecke der alten Nordbahn zog in den Sommer- und Herbstmonaten viele Touristen aus der näheren und weiteren Umgebung an. Die wasser- und waldreiche Gegend machte Fichtengrund zu einem beliebten Ausflugsziel.

73. Fast malerisch gelegen, so zeigte sich die nordöstlich von Oranienburg gelegene Malzer Schleuse. Der Bau der Schleuse, der im 19. Jahrhundert begann, brachte dem kleinen Ort einen beträchtlichen Aufschwung. Die Malzer Schleuse passierten Schiffe verschiedener Größenordnung. Der Malzer Kanal war ein wichtiger Verbindungskanal zwischen Havel und Oder-Havel-Kanal.

74. Kehren wir am Ende des Buches noch einmal in das Zentrum der Stadt Oranienburg zurück. Das Eckhaus der damaligen Bernauer Straße/Mühlenstraße ist als 'Altes Forsthaus', erbaut in der Zeit von 1771 bis 1772, in die Stadtgeschichte eingegangen. Das Haus steht heute unter Denkmalschutz.

75. Auf dem Gelände der heutigen Krupp-Stahl AG Oranienburg stand vor der Errichtung der damaligen Stahlfedernfabrik die letzte Oranienburger Mühle. Im Jahre 1911 wurde sie aufgrund des Baus der Fabrik abgerissen. Nur noch ein Foto erinnert an diese Zeit zu Beginn unseres Jahrhunderts.

76. Ein Panoramafoto, Oranienburg aus den Anfangsjahren unseres Jahrhunderts, soll den Querschnitt durch 'Oranienburg in alten Ansichten' beenden. Ich hoffe, liebe Leserinnen und Leser, daß Ihnen unser Oranienburg gefallen hat.